O pai dividiu os bens entre os dois. Depois de alguns dias, o filho mais jovem partiu para uma região distante...

"Tragam logo a roupa mais bonita,
coloquem-lhe o anel no dedo e as sandálias nos pés;
matem o bezerro mais gordo e vamos festejar".

Deus é um pai que não se esqueces nunca de nós, cheio de misericórdia, justamente como o pai da parábola, que perdoa sempre, ainda mais quando reconhecemos que erramos e temos a humildade de voltar para ele, como fez o filho mais jovem.

Ele nos espera sempre de braços abertos, não faz distinção de pessoas e acolhe a todos. Quando pensamos que somos obedientes, perfeitos, que sempre cumprimos nosso dever, como o filho mais velho, não devemos mostrar-nos ciumentos ou invejosos, se sentimos que não somos recompensados pelo nosso comportamento; devemos, ao contrário, perguntar-nos se aquilo que fazemos é verdadeiramente fruto do amor ou é força do hábito.

Leia a parábola do filho pródigo em Lucas, capítulo 15, versículos de 11 a 32.

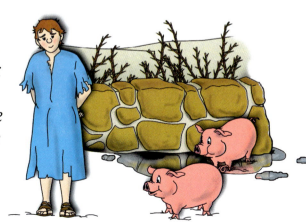

Vamos aprender brincando

Quais são as coisas que o pai dá ao filho
para festejar a sua volta para casa?

Marque com um X o quadradinho correspondente ao objeto correto
e, depois, escreva o nome de cada um nas linhas abaixo.

Resposta: Sandálias, Roupa, Anel, Bezerro.

Qual é o sentimento que leva o pai a receber o filho de volta?

Organize as letras contidas no balão e forme a palavra, escrevendo-a na linha amarela, no pé da página. Depois, pinte o desenho.

...A D E
S I M R I C O
R I

Resposta: MISERICÓRDIA.